Inhalt

W0034191

1. Einleitung

Achte auf Deine Gedanken, denn sie werden zu Worten, achte auf Deine Worte, denn sie werden zu Taten, achte auf Deine Taten, sie werden Gewohnheiten, achte auf Deine Gewohnheiten, denn sie werden Dein Charakter, achte auf Deinen Charakter, denn er wird Dein Schicksal.

Jeder Mensch, den ich kenne, würde diesem Satz unumwunden zustimmen, denn es steckt eine unbestreitbare Logik dahinter, die sogar imstande ist, verschiedene Ideologien zu überbrücken. Nahezu jedes Individuum mit einem halbwegs gesunden Menschenverstand muss diesem Satz einfach beipflichten, egal welcher Religion oder politischer Richtung er sonst angehört. Jedem ist absolut klar, dass ohne einen Gedanken kein Wort geformt werden kann, dass ohne einen Gedanken keine Handlung ausgeführt wird, egal wie nichtig sie sein mag. Du kannst noch nicht einmal auf die Toilette gehen, ohne das bewusst oder unbewusst vorher gedacht zu haben. Du würdest Dich im wahrsten Sinne des Wortes nass machen, da wo Du gerade sitzt.

Umso mehr verwundert es, dass kaum jemand diesen Satz in seiner ganzen Konsequenz versteht, denn man kann diesen Satz auch abkürzen, wenn man die ganzen Zwischenstationen einfach weglässt, dann hat man:

Achte auf Deine Gedanken, denn diese sind Dein Schicksal!

Und damit werden sich jetzt viele nicht mehr einverstanden erklären, jetzt erzählen sie Dir etwas davon, dass die anderen Schuld sind und wie schwer sie selbst es hatten und dass sie ja für die Ereignisse in ihrem Leben nichts können, dass sie an den falschen Partner geraten sind, den falschen Beruf gelernt haben usw.

Was ist geschehen? Dem ersten Satz stimmt jedermann zu, dem zweiten kaum noch jemand? Und das, obwohl es sich um denselben Satz handelt, eben nur die Kurzform? Der ausführlich gelesene Satz entschärft sozusagen durch seine Länge die Grundaussage.

Achte auf Deine Gedanken, sie werden Dein Schicksal

... sagt uns in nur acht Worten eine Wahrheit, welche gleich einer schallenden Ohrfeige in unser Leben knallt:

Ich ganz allein bin für alles verantwortlich, was in meinem Leben passiert!

Die meisten von uns werden „weltlich" erzogen, kaum jemand hat das Glück, schon als Kind mit den tiefgreifenden Wahrheiten des Lebens konfrontiert zu werden. Und so wächst fast jeder von uns mit dem Glauben auf, dass das Leben schwer sei, die Welt ungerecht ist, man nicht alles haben könne, dass Zufall, Glück und Pech darüber bestimmen, ob man ein angenehmes Leben führt oder eher eines, das man nicht einmal seinen Feinden wünscht, und vor allem, dass die anderen dafür verantwortlich sind, was einem selbst geschieht!

Hat ein Mensch ein eher bescheidenes Leben geführt, mit einigen Hochs und vielen Tiefs, dann hat dieser Mensch für gewöhnlich eine ganze Agenda von Ausreden parat, warum denn sein Leben nicht das Leben seiner Träume war. Natürlich sind die anderen dafür verantwortlich, die Eltern, der Ehemann, der Chef, die Politiker, die schlechten Zeiten, der Zufall, Glück und Pech. Es werden ausschließlich andere Menschen oder unsichtbare übermächtige Verantwortungsträger gefunden oder banale linke Ideologie gebraucht, um vom eigenen Versagen abzulenken.

Genau diese Einstellung geben diese Menschen natürlich an ihre Kinder weiter, die dadurch nur geringe Chancen haben, ein besseres, selbstständiges, selbstverantwortliches Denken zu entwickeln. Ein Kind ist ein unbeschriebenes Blatt, was dann mit diesem Unfug der Eltern bekritzelt wird, und diese Prägung Deiner Kindheit ist so mächtig – weil sie sozusagen Dein gedankliches Fundament ist –, dass nur wenige die Kraft haben, diese Prägungen zu überwinden.

Du hattest diese Kraft und deshalb, egal wo Du jetzt noch stehen magst,

Du bist ein Gewinner! Denn Du bist jetzt hier!

Oft schon musste ich für meine Meinung Kritik einstecken, Kritik von sogenannten Gutmenschen, die ihren gesunden Verstand durch eine linke Ideologie ersetzt haben. Die Kritik, die ich erfuhr, hat mir deutlich gezeigt, dass bei vielen Menschen noch ein großer Nachholbedarf zum Wissen, wie die Welt funktioniert, besteht.

Die meisten können sich einfach nicht von dem mittelalterlichen Paradigma trennen, wonach man glaubt, da ist eben Materie, mit der man nun irgendwie klarkommen muss. Das stellt ein extrem oberflächliches Denken dar, frei nach dem Motto: Ich glaube nur das, was ich sehe. Das ist aber nicht nur eine sehr oberflächliche, sondern auch eine recht einfältige Betrachtungsweise.

„Wenn wirkliches Neuland betreten wird, kann es vorkommen, dass nicht nur neue Inhalte aufzunehmen sind, sondern dass auch die Struktur des Denkens sich ändern muss, wenn man das Neue verstehen will."

Werner Heisenberg

Viele Dinge, die man nicht sieht, werden von allen Menschen wie selbstverständlich geglaubt, ob es sich nun um Radiowellen handelt oder Gammastrahlung. Menschen schalten völlig selbstverständlich den Fernseher ein und telefonieren mit ihrem Handy, ohne sich darüber Gedanken zu machen, dass es ja irgendwelche unsichtbaren Strahlen sind, die das Ganze übertragen. Es ist eben normal, es entspricht ihrem Weltbild. Aber auch die Liebe eines Menschen kann man nicht sehen, ebenso wenig wie die Gedankenenergie, die Du täglich produzierst. Aber dennoch ist sie da, diese Energie, und wird Folgen, entsprechend ihrer Natur, für Dein Leben haben. Es ist einfach eine wissenschaftliche Wahrheit, die aber weiterhin geflissentlich ignoriert wird, weil die Anerkennung des Gesetzes der Anziehung ohne einen Paradigmenwechsel nicht möglich ist.

Du kannst logischerweise nicht das Gesetz der Resonanz anerkennen und dann immer noch behaupten, dass man einige Menschen mehr unterstützen sollte als andere, und anderen etwas verbieten. Und so werden der Gutmensch und der Mainstream-Physiker weiter so tun, als habe es niemals eine Quantenphysik gegeben, weil diese Erkenntnisse einfach nicht mit ihrer Ideologie konform gehen. Aber erst, wenn der Mensch die Wahrheit erkennt, dass er diese Materie selbst durch seine Gedanken erschaffen hat, hat er die Freiheit erlangt, alles sein, haben und tun zu können, was er gerne sein, haben und tun möchte.

Solange noch andere Menschen und der Zufall oder ein übelgesonnenes Schicksal oder ein übelgelaunter Gott dafür verantwortlich gemacht werden, was in meinem Leben geschieht, so lange ist der Mensch nicht in der Lage, sein gottgegebenes Erbe anzutreten.

Also wird er weiter urteilen, verurteilen, vorverurteilen, neiden, hassen, verleugnen usw. Aber dadurch werden diese Menschen immer mehr zu Opfern, die sich minderwertig fühlen. Und aus genau diesen Minderwertigkeitsgefühlen heraus werden noch mehr Hass und Missgunst entstehen.

Die Kritik, die sich gegen mich richtete, hatte in etwa diesen Tenor:

Es ist eine kalte, menschenverachtende Ideologie, die das Miteinander und das Füreinander völlig außer Acht lasse. Diese Meinung wird deshalb vertreten, weil ich immer wieder betone, dass jeder Mensch ALLES, was in sein Leben tritt, selber erschaffen hat, weil es nur die Antwort des Universums auf das ist, was ER SELBST ausgesendet hat! Daraus resultiert, dass auch ein kranker Mensch die Krankheit selber erschaffen hat, genau wie das Opfer von Gewalt diese Begebenheit selber erzeugt haben muss, sonst wäre sie nie in sein Leben getreten; hätte laut dem Gesetz der Anziehung nie in sein Leben treten KÖNNEN!

„Das Unglück tritt nicht einfach in Dein Leben, Du musst es einladen."

Dean Koontz

Und nun glauben viele Menschen, die dieses Gesetz nicht verstehen, dass es von Vorteil für das Opfer ist, wenn ich es bemitleide und andere verurteile, aber dadurch werde ich es nur in seiner Meinung bestärken, machtlos zu sein, und werde mit ihm gemeinsam mehr von diesen unerwünschten Situationen erschaffen.

Ich möchte hier ausdrücklich betonen, dass es selbstverständlich richtig ist, einem Menschen in Not zu helfen und im auch sein Mitgefühl zu geben, wenn er es braucht. Aber es besteht ein Unterschied, ob ich einen Menschen bemitleide und in seinen Chor der Verurteilungen der vermeintlich Schuldigen einstimme oder ob ich ihm helfe, ihm dabei Trost zuspreche und ihm die wahren Ursachen jeglicher Begebenheiten, die Macht der Gedanken aufzeige.

Erst wenn Menschen ihre eigene Verantwortung erkennen und mit dem Wissen gesegnet sind, dass sie jede Begebenheit in ihrem Leben selbst erschaffen haben, werden sie in die Lage versetzt, ein Leben nach ihren Vorstellungen zu führen. Wenn alle Menschen das Gesetz der Anziehung verinnerlicht hätten, wären sie überhaupt nicht mehr imstande, Neid, Hass, Eifersucht und andere negative, höchst zerstörerische Emotionen zu erzeugen. Warum sollte man hassen oder neiden, wenn man weiß, dass man jegliche Begebenheit seines Lebens selber angezogen bzw. erschaffen hat? Stelle Dir eine Welt vor: frei von Neid, Hass, Eifersucht – in solch einer Welt würde es weder Verbrechen noch Kriege geben.

Waffen alleine töten nicht, erst der Hass der Menschen ist dafür verantwortlich, und erst der Glaube an den Mangel, der Glaube an Begrenzung führt zu Verbrechen.

2. Das Gesetz der Anziehung

Was ist das eigentlich, dieses ominöse Gesetz der Anziehung?

Dieses Gesetz geht von der wissenschaftlichen Erkenntnis aus, dass ein Gedanke eine physikalische, messbare Begebenheit ist, die gemäß ihrer Natur ein Ereignis nach sich ziehen muss.

In der Quantenphysik wurde ganz klar bewiesen, dass es Bewusstsein braucht, um Materie zu erschaffen. Ist kein Bewusstsein vorhanden, ist lediglich eine „Angebotswelle" zu verzeichnen. Erst durch Bewusstsein switcht diese sozusagen in Materie um.

Dazu sollte man unbedingt verstehen, dass das gesamte Universum im Endeffekt aus Schwingungen besteht. Alles ist Schwingung. Es gibt nichts im Universum, was keine Schwingung hätte. Auch dieses Buch hat eine Schwingung, jede Farbe, jeder Ton, jeder Geruch und auch jedes Ereignis wie auch jedes Stück Materie hat eine

Schwingung. Auch Deine Gedanken sind Schwingung, sind messbare Energie. Aus den Schwingungen Deiner Gedanken formt das Gesetz der Anziehung Begebenheiten und Materie, es lässt andere Menschen mit einer ähnlichen Schwingung in dein Leben treten und Menschen mit anderer Schwingung aus Deinem Leben verschwinden (gleich und gleich gesellt sich gern). Da wirklich **jeder** Gedanke in irgendeiner Form eine Wirkung haben muss, gibt es logischerweise keine nichtigen Gedanken.

Der Energieerhaltungssatz sagt uns, dass Energie weder erschaffen noch vernichtet werden kann, sondern nur ineinander umgewandelt wird, also lediglich seine Form wechselt. Jeder Gedanke ist messbare Energie, die folglich nicht einfach so „verpuffen" kann, sondern sie wird umgewandelt in ein Ereignis gemäß seiner Natur.

Eigentlich ist die Bezeichnung „Gesetz der Anziehung" nicht zutreffend, denn es zieht nicht an; das würde heißen, dass es woanders abgezogen wurde. „Gesetz der Schöpfung" wäre die bessere Bezeichnung. Wie sollte man Krankheit anziehen? Das würde bedeuten, dass der Krebs oder die Gicht zu einem **kommt**, dass impliziert, dass er irgendwo herkommt und dort nun nicht mehr ist, dass sozusagen ein anderer ihn nicht mehr bekommen kann. Aber auch in diesem Falle gilt, es ist genug für alle da, weil Du diese Krankheit produzierst! Genauso wie Du Liebe produzierst und dadurch Situationen erschaffst, die eben sehr liebevoll und damit für Dich sehr angenehm sind. Aber diese Situationen erschaffst Du; wenn Du sie anziehen würdest, könnten andere weniger Liebe erhalten, weil Du sie bereits zum größten Teil hast. Das ist natürlich nicht möglich. Aber, wenn es in diesen Bereichen so ist, dann ist es nur logisch, dass es in allen Bereichen so ist, auch mit dem Reichtum oder der Armut verhält es sich so. Es ist absolut nicht möglich, dass wenn sehr, sehr viele Menschen arm sind, dann keine Armut mehr für die anderen da ist und sie zwangsläufig wohlhabend sein müssen. Da müsste man nur in das ärmste Land der Welt ziehen, und man würde automatisch reich sein, weil die Armut schon vergeben ist. Aber das ist Bullshit, jeder kann es erkennen; aber dann erkenne auch, dass das Gegenteil ebenso Bullshit sein muss, dass die Reichen den ganzen Reichtum haben und nun nichts mehr für die Armen da ist. Reichtum und Armut, Gesundheit und Krankheit, Liebe und Hass, das sind einfach nur Schwingungen, die Du ganz allein in Deinem Inneren durch Deine täglichen Gedanken produzierst! Der von Dir geschaffene Gedanke produziert ein Gefühl mit einer bestimmten Schwingung. Dein Gedanke und Dein Gefühl sind eine untrennbare Einheit, diese erschaffen nun ein Ereignis, und dann entsteht in Deiner Welt das, was die Entsprechung dieses Gedankens darstellt.

Auch mit dem Reichtum ist es so, Du ziehst ihn nicht an, sondern Du produzierst ihn mit Deinen Gedanken. Deine Gedanken an Wohlstand erschaffen Wohlstand in der äußeren Welt. Wäre dieser Wohlstand angezogen, müsste er woanders abgezogen werden. Das mag vielen Menschen nicht einleuchten, weil sie an Begrenzung glauben. Aber Du wirst mir sicher Recht geben, dass heute hier in Deutschland wesentlich mehr Menschen in großem Wohlstand leben als etwa vor 300 Jahren und auch wesentlich weniger Menschen in bitterer Armut als in jener Zeit. Auch wenn es gerne von den Linken geleugnet wird, aber die Zeiten wirklicher Armut, wie vor 200 oder 300 Jahren, als Menschen verhungert sind oder an mangelnder ärztlicher Betreuung starben, sind lange vorbei, so arm ist heute niemand mehr in ganz Mitteleuropa. Selbst Afrika ist auf dem Weg zum Wohlstand; wenn Du nach Mombasa fährst, dann haben dort auch schon viele ein Handy und es fahren reichlich Autos; noch besser ist es in Asien zu sehen, wie immer mehr Wohlstand entsteht. Damals in grauen Vorzeiten nannten sie das, was wir heute hier in Mitteleuropa haben, Schlaraffenland!

„Unsere normale Angewohnheit, dass wir uns gegenüber allen menschlichen Signalen abschirmen, die nicht sofort mit unserer Realitätsgrundlage vereinbar sind, ist der Mechanismus, der uns weit dümmer bleiben lässt, als nötig wäre."

Robert A. Wilson

Dieses Schlaraffenland, wovon damals geträumt wurde, das haben wir schon lange. Nahrung im Überfluss, das war früher für die Menschen das Paradies auf Erden. Also wurde einfach viel Wohlstand erschaffen! Er wurde einfach von den Menschen durch ihre Gedanken produziert. Und genau so produzierst Du auch Deinen Reichtum, dadurch muss niemals ein anderer ärmer werden. Wer das nicht glaubt, der hat es nicht verstanden, das ist wie bei einem guten Geschäft, da werden beide reicher und glücklicher. Wenn sich jemand z.B. ein neues Auto kauft, dann werden beide reicher. Der Autohändler hat Umsatz gemacht, und der Autokäufer hat ein nagelneues Auto, das ihm Freude bereitet und ihn in der Gesellschaft aufwertet. Es wurde neuer Wohlstand geschaffen, aus den Gedanken an Wohlstand. Der Autohändler hat an seinen Gewinn geglaubt, und der Käufer hat sich mit diesem Auto seinen Traum erfüllt.

„*Denken ist weder Ursache noch Wesen des Daseins; aber es ist ein Werkzeug des Werdens: ich werde zu dem, was ich in mir sehe.*"

Aurobindo

Wie schon erwähnt, wenn ein anderer ärmer werden würde, nur weil jemand gerade reicher wird, müsste auch ein anderer krank werden, nur weil jemand gesund geworden ist. Wir erschaffen sämtliche Situationen in unserem Leben selbst, und auch wenn alle an Wohlstand denken würden, wäre der niemals aufgebraucht. Energie ist im Universum unendlich viel verfügbar und Energie wird durch Gedanken in Materie gewandelt. Albert Einstein hat uns diese wunderbare Formel geschenkt: $E=mc^2$. Diese besagt, dass nicht nur Materie in Energie gewandelt werden kann, sondern auch Energie in Materie. Da es bewiesen ist, dass unendlich viel Energie existiert, heißt das auch, dass es unendlich viele materielle Güter gibt, die allzeit vorhanden sind. Diese Güter produzierst Du mit Deinen Gedanken.

Was ist denn Reichtum? Glaubst Du, Bill Gates hat da 500 Millionen 100-Dollar-Scheine im Keller liegen? Sein Reichtum sind elektronische Zahlen auf ebenso elektronischen Konten.

„Der Geist ist alles, wir werden, was wir denken."

Gautama Buddha

Würde Bill Gates jetzt beginnen, ausdauernd an Armut zu denken, gepaart mit großer Verlustangst, dann würden einfach die Microsoftaktien in den Keller gehen. So könnte er innerhalb von Stunden Milliarden verlieren, ohne dass irgendwo auch nur ein Geldschein vernichtet worden wäre. Andere Menschen, die viele Microsoftaktien besitzen und nicht an Armut denken, würden vorher aus einem Impuls heraus ihre Aktien abstoßen. Das konnte man beim deutschen Multimillionär Maschmeyer beobachten, der unmittelbar vor Ausbruch der Finanzkrise – aus einem Impuls heraus – seinen AWD für einige hundert Millionen Euro verkaufte. Wenn Du nicht an Armut denkst, kannst Du sie nicht erleben. Wenn Du nicht an Betrug glaubst, kannst Du auch diesen nicht erleben. Du selber bist der Schöpfer einer jeden Situation Deines Lebens. Diese Erkenntnis ist so gewaltig, so wegweisend, so weltverändernd, wie es noch niemals vorher eine andere Aussage war. Du glaubst, die Erfindung des Rades war wegweisend?

„Die Gesetze des Denkens und Glaubens sind so zwingend wie die Gesetze der Physik, Ihr Unterbewusstsein wird annehmen, was Sie ihm einprägen, und diese – keine anderen – Inhalte werden in Ihrem Leben zur Geltung kommen!"

Dr. Joseph Murphy

Oder die Entdeckung der Elektronik oder des Internets? Vergiss es! Für Dich ist die wichtigste Erkenntnis, dass Du alleine durch Deine Gedanken alles selber produzierst, was in Dein Leben tritt. Du hast es selber erschaffen! Ganz ehrlich: mehr brauchst Du im Leben eigentlich nicht zu wissen. Was nutzt es Dir, wenn Du sämtliche Namen aller großen Flüsse in Deutschland kennst? Oder die Namen aller Minister? Das ist totes Wissen, das Dir höchstens in einer Quizsendung helfen würde. Aber wozu ist es eigentlich gut, Dein Gehirn mit solch nichtigen Daten vollzustopfen? In der heutigen Zeit kann jeder normale Mensch zu jeder Zeit online gehen, und dort findest Du alles Wissen, was die Menschheit jemals zusammengetragen hat.

Also wozu damit belasten? Wenn Du weißt, dass Du lediglich ausdauernd an das denken musst, was Du gerne als Gegenstand, Begebenheit oder Erfahrung in Dein Leben ziehen möchtest, um es zu erhalten, dann hast Du damit alles Wissen, um ein wirklich traumhaft schönes Leben zu führen.

3. Ausnahmslos?

Absolut wichtig ist, dass das Gesetz der Anziehung ein Naturgesetz ist!

Naturgesetze funktionieren immer und zu jeder Zeit.

Wenn Du einen Gegenstand nimmst, ihn fallen lässt, dann fällt dieser nach unten, das hätte er schon vor tausend Jahren getan und das wird er auch in tausend Jahren tun, er fällt jedes Mal, davon gibt es keine Ausnahme.

Der Gravitation ist es völlig gleichgültig, was Du da fallen lässt, ob es nun ein Holzspielzeug ist oder ein Säugling. Genauso ist es mit dem Gesetz der Anziehung, es gibt keine Ausnahme davon. Es ist absolut nicht zielführend, dieses Gesetz mit irgendwelchen Ideologien oder Religionen zu behaften, was denn nun richtig oder falsch ist. Niemals würde ein Naturwissenschaftler auf die Idee kommen, das Gesetz der Thermodynamik oder das der Gravitation in einen Zusammenhang mit einer Ideologie oder Religion zu bringen.

„Der Mensch ist kein Produkt der Umstände; die Umstände sind ein Produkt der Menschen."

Benjamin Disraeli

„Das Schicksal biegt sich gehorsam wie ein gespannter Bogen in der Hand, wenn Du den Pfeil der richtigen Gedanken durch ihn schießt."

Yesudian

„Argumentiere für Deine Grenzen, und mit Sicherheit sind sie Deine."

Richard Bach

Das Gesetz **ist** einfach und wird die Manifestationen Deiner Gedanken zu Dir bringen, völlig unabhängig davon, ob ein anderer es nun als richtig oder falsch beurteilt, was Du Dir da manifestierst! Völlig unabhängig davon, ob das Manifestierte nun gut für Dich ist oder ob es Dich vernichtet. Dem Gesetz der Anziehung ist das egal, es ist eben ein Gesetz, das hat weder eine Moral oder eine Persönlichkeit noch ein Bewusstsein!

Du solltest also strikt darauf achten, dass das, was Du denkst und worüber Du sprichst, Dinge und Begebenheiten sind, die das Potenzial haben, Dich glücklich zu machen! Denke und sprich darüber, was Du willst, und nicht darüber, was Du nicht willst!

„Über die Macht des Glaubens haben schon viele gelacht, aber es sind nicht die Erfolgreichen, die da lachen."

Prof. Kurt Tepperwein

„Unsere Erwartungen haben nicht nur Einfluss darauf, wie wir die Wirklichkeit sehen, sie beeinflussen die Wirklichkeit selbst."

Dr. Edward Jones

„Die größte Entdeckung meiner Generation ist, dass die Menschen ihr Leben ändern können, indem sie ihre Geisteshaltung verändern."

Prof. William James

„Unser Leben ist das, wozu es unsere Gedanken machen."

Mark Aurel

4. Gerecht?

Ist das denn aber gerecht? Warum gibt es dann soviel Elend auf dieser Welt?

Die Welt ist so gerecht, dass es gerechter eigentlich gar nicht geht. Was könnte gerechter sein, als dass Dir das Universum **genau das** in **Dein Leben** bringt, was **Du** vorher durch **Deine Gedanken** ausgesendet hast?

Denke darüber nach, solange Du willst, es gibt keine größere Gerechtigkeit!

Du bekommst zu **100 %** das, was Du selber ausgesendet hast.

Willst Du etwas anderes, musst Du eben was anderes aussenden.

Das ist völlig simpel, jeder Depp könnte es verstehen! Niemand ist zu dumm dazu, niemand ist zu unbegabt, niemand ist zu unterprivilegiert, niemand zu schwach, niemand zu jung, niemand zu alt, niemand zu schwarz, niemand zu weiß, niemand zu arm, niemand zu reich, niemand zu krank, niemand zu gesund!

„Wenn Du nicht weißt, wohin Du gehst, wie kannst Du erwarten dort anzukommen?"

Basil S. Walsh

Was in aller Welt könnte noch gerechter sein?

Elend gibt es nur aus einem Grunde: weil die Menschen, die im Elend leben, dies durch ihre ständigen Gedanken an ihr Elend zementieren!

Gehe doch mal zu armen Menschen in arme Länder, da hörst Du ständig „Wir sind nun mal arm". Das ist tief in ihrem Denken verhaftet, die einzige Hoffnung, die sie haben, ist, dass der reiche Ausländer kommt und ihnen etwas gibt. Viele haben dieses „wir sind arm" zu ihrer Lebenseinstellung gemacht, sie sind förmlich stolz darauf! Das ist bei einzelnen Menschen nicht anders als bei ganzen Völkern. Diejenigen, welche die Verantwortung für ihr Leben übernehmen, denen geht es gut. Diejenigen welche die Verantwortung anderen zuschieben, geht es weniger gut!

Man sollte diesen Menschen dringend das Gesetz der Anziehung lehren, damit sie sich aus eigener Kraft aus diesem selbstgewählten Elend befreien können.

„Der Unterschied zwischen einem Weisen und einem Narren besteht darin, dass der Weise seine Gedanken beherrscht, während der Narr von seinen Gedanken beherrscht wird."

Prof. Kurt Tepperwein

5. Schlechte Welt?

Ist denn die Welt wirklich so schlecht, wie immer von allen erzählt wird?

Wenn man sich die Nachrichten ansieht, könnte man das glauben, hier 8 Tote durch einen Anschlag, dort 35 Tote durch Krieg, da 20 Tote durch einen Amoklauf. Da wird unendlich viel darüber geredet, ohne Ende die Aufmerksamkeit darauf gerichtet, wie schlimm das alles ist. Millionen Fernsehsender, Radiostationen und Zeitungen weltweit berichten unentwegt darüber; da werden Sündenböcke gesucht, gefunden und vorverurteilt, endlos darüber palavert, was man denn NICHT will und das alles immer NOCH schlimmer wird! Da werden landesweite Debatten geführt, was denn nun richtig ist und was nicht.

Aber ist Dir eigentlich bewusst, dass wir über sieben Milliarden Menschen auf dieser Erde sind?

Wenn man eine Lebenserwartung von 70 Jahren zugrunde legt, heißt das, dass durchschnittlich JEDEN TAG über 270 000 Menschen sterben!

36

„Du wirst niemals höher steigen als Deine Gedanken."

Benjamin Disraeli

„Vergiss es nicht, Mensch! Alles, was Du bist, alles, was Du willst, alles, was Du sollst, geht von Dir selbst aus."

Johann Heinrich Pestalozzi

„Es ist der Geist, der gut oder böse macht, der traurig oder glücklich, arm oder reich macht."

Edmund Spenser

Schon mal darüber nachgedacht? Ich meine: völlig normal, dass ist der Lauf der Dinge. Noch niemals ist es in der Geschichte der Menschheit auch nur einem einzigen Menschen gelungen, nicht zu sterben. Selbst Albert Einstein, Mutter Theresa, Elvis Presley oder Napoleon Bonaparte ist das nicht gelungen! Das Sterben ist somit die normalste Sache der Welt. Natürlich ist es unschön, wenn Menschen mit Gewalt aus ihrem Leben gerissen werden, aber umso mehr Aufmerksamkeit darauf gerichtet wird, desto mehr gewaltsame Tode wird es geben.

Beachtung bringt Verstärkung!

Nun liegt es natürlich an jedem Menschen selbst, worauf er denn seine Aufmerksamkeit richtet.
Ich gebrauche gerne diese Metapher:
Die Welt ist wie ein riesiger Garten, da stehst Du nun mit Deinem Liegestuhl in der Hand und kannst frei entscheiden, wo Du ihn aufschlägst.

„Die von Gott geschaffene Welt ist die beste von allen möglichen Welten."

Gottfried Wilhelm Freiherr von Leibnitz

„Es spielt keine Rolle, wie andere handeln, oder was sie tun. Wichtig ist lediglich, was wir selbst denken."

Dr. Joseph Murphy

1. Da ist ein Steingarten, wo es betörend duftet, nebenan gleich das Rosenbeet, Sonne, Schmetterlinge, eine Quelle plätschert, Vögel singen – es ist einfach himmlisch!

Aber: Du kannst genauso gut woanders hingehen:

2. Da hinten in der Ecke ist ein Misthaufen, da ist Ungeziefer, nebenan gleich die Jauchegrube, es stinkt bestialisch nach Gülle und Fäulnis, Getier belästigt Dich, es ist wirklich widerlich!

Es ist **Deine freie Entscheidung**, worauf Du Deine Aufmerksamkeit richtest, Du kannst Dir ständig Nachrichten angucken, mit den Horrormeldungen über Gewalt und Verfall, mit einstimmen in den Chor Deiner Kollegen oder Nachbarn, wie schlecht denn alles sei und was andere denn wieder falsch gemacht haben, und natürlich in den Hauptenor: Es wird alles NOCH schlimmer!

Aber genauso gut kannst Du Deine Aufmerksamkeit auf Dinge richten, die Dir gefallen, die Du magst, die Dich glücklich machen.

„Halte dich sauber und hell, denn du bist das Fenster, durch das du die Welt sehen musst."

George Bernhard Shaw

„Bei gleicher Umgebung lebt doch jeder in einer anderen Welt."

Arthur Schopenhauer

Du bist derjenige, der das völlig frei entscheidet!

Wenn Du Dich gut fühlst, wird das Gesetz der Anziehung Dir mehr Dinge und Situationen in Dein Leben bringen, die Dich gut fühlen lassen.

Natürlich gilt auch der Umkehrschluss: Umso schlechter Du Dich fühlst, desto mehr Begebenheiten werden Dein Leben heimsuchen, die Dich noch schlechter fühlen lassen.

„Der Mensch, der sagt ‚das ist nicht zu machen‘, endet gewöhnlich zu Füßen des Menschen, der es macht.“

Napoleon Hill

6. Richtig oder falsch?

Was ist denn nun eigentlich richtig und was ist falsch?

Kritik, so könnte man meinen, ist die beliebteste Beschäftigung der meisten Menschen weltweit. Allgemein ausgedrückt könnte man sagen, Kritik ist das Aufzeigen eines Fehlers – an einer Sache, an einem Verhalten, einem Ereignis oder einer Entscheidung. Meiner Ansicht nach ist ca. ein Prozent davon berechtigte Kritik. Als berechtigte Kritik könnte man bezeichnen, wenn z. B. die Mathematiklehrerin ihrem Schüler die Klausur berichtigt. In der Arithmetik ist nun mal $5 \times 5 = 25$, hat der Schüler ein anderes Ergebnis, dann hat er diese Gesetze eben noch nicht verstanden und sollte durch konstruktive Kritik dahin geführt werden, dass er sie versteht. Sämtliche Kritik, die sich nicht auf Naturgesetze stützt, ist demnach nur eine Interpretation durch die Brille meiner **eigenen Meinung**, was richtig oder falsch, angebracht oder unangebracht, natürlich oder unnatürlich, gut oder schlecht ist.

„Nichts ist gut oder schlecht, erst unsere Gedanken machen es dazu."

Shakespeare

Wenn sie nun aber meiner **eigenen Meinung** entspringt, ist sie ja schon per Definition nicht übertragbar auf eines **anderen eigene Meinung,** weil diese per Definition nun mal **seine eigene Meinung** ist. Sämtliche Kritik an der Lebensweise anderer Menschen entspringt dem irrigen Glauben, ja dem Dogma, dass es eine richtige Art zu leben und eine falsche Art zu leben gibt. Diese falsche Annahme ist der Grund sämtlicher Konflikte, die wir auf diesem Planeten finden! Angefangen bei der kleinsten Streiterei in der Familie bis hin zum Krieg von ganzen Völkern oder Religionen! Warum hat denn eine Volksgruppe etwas gegen eine andere? Doch nur, weil deren Sitten und Bräuche als nicht richtig angesehen werden. Warum haben religiöse Eiferer etwas gegen Menschen, die es mit Religion nicht so genau nehmen? Es geht immer nur darum, was als richtig oder falsch angesehen wird. Natürlich gibt es richtig und falsch, aber das ist immer zielbezogen.

„Eine Erfolgsformel kann ich dir nicht geben; aber ich kann dir sagen, was zum Misserfolg führt: der Versuch jedem gerecht zu werden."

Herbert Bayard Swope

Willst Du Dir etwas zu essen kaufen, ist es natürlich richtig, in ein Lebensmittelgeschäft zu gehen und nicht zum Autohändler; wenn der Tank leer ist, solltest Du die Tankstelle anfahren und nicht die Baumschule. Aber das basiert ausschließlich auf Logik. Die meisten Ideologien haben als Grundgedanken verankert, dass die Welt verbessert werden müsste. Darauf basieren die meisten von ihnen, und in ihren Programmen haben sie es sich auf die Fahnen geschrieben, im Namen der Gerechtigkeit für eine bessere Welt zu kämpfen. Die Welt bleibt aber trotzdem immer vom Grunde her genauso obwohl ja fast jeder für eine bessere Welt kämpft. Wenn man das mit den Augen des Gesetzes der Anziehung betrachtet, kommt man zu einem ganz simplen Schluss: diese Menschen, die da für eine bessere Welt kämpfen, werden das immer tun, egal in welche Richtung die Welt sich entwickelt. Es ist überhaupt nicht möglich, kann niemals möglich sein, dass alle Menschen mit allen Umständen auf dieser Welt konform gehen, aus dem einfachen Grunde, weil Menschen nun mal einzigartig sind und nicht gleichgeschaltet wie eine Herde Tiere. Da jeder ganz individuell ist, ist es nicht möglich, aber auch nicht nötig, dass wir alle einer Meinung sind. Warum guckt ein Mensch in Europa in den Nahen Osten und kritisiert deren Lebensweise dort? Warum kritisieren Menschen aus dem Nahen Osten die Lebensweise in Europa? Die Welt ist einfach nur ein Resultat des Denkens von sieben Milliarden Menschen. Sie ist nicht besser und nicht schlechter, denn das ist nicht möglich. Würde irgendjemand auf die Idee kommen, einen Supermarkt als schlecht zu bezeichnen, nur weil es da Dinge gibt, die er nicht mag oder gar verabscheut? Da gibt es auch ungesunde Sachen, Dinge, mit denen man töten kann, Sachen, die eine Sucht auslösen können usw. Aber ist der Supermarkt deshalb schlecht? Nein, er ist ein Resultat der Gewohnheiten und Wünsche der einzelnen Menschen in dieser Region.

Unverkäufliche Sachen werden aus den Regalen verschwinden, begehrten Sachen wird mehr Platz eingeräumt. Geh in einen beliebigen Supermarkt, schau Dir das Angebot an, und Du weißt, was die Menschen in dieser Region bevorzugen. Genauso ist es eben mit der Welt, erdacht von sieben Milliarden Menschen. Wenn Du glaubst, Alkohol ist nicht gut, dann brauchst Du ihn ja nicht zu kaufen, aber warum verurteilst Du denjenigen, der Alkohol mag? Zu viel Gewalt im Fernsehen? **Warum** ist so viel Gewalt im Fernsehen? Weil da der Bedarf der Bevölkerung in diesem Sendegebiet gedeckt wird, die Einschaltquoten entscheiden ganz klar darüber, was weiter oder noch häufiger gesendet wird und was man weniger oder gar nicht mehr ausstrahlt. Du brauchst es Dir ja nicht anzusehen, wenn es Dir nicht gefällt, damit hast Du einen Schritt getan, dass es weniger gesehen wird. Die Welt ist perfekt, sie hat alles zu bieten, jedem das Seine!

„Schwerer noch, als nach seinen Überzeugungen zu leben, ist es, sie anderen nicht aufzuzwingen."

Marcel Proust

Hätte der Schöpfer gewollt, dass wir alle das gleiche wollen und lieben, dann hätte er uns erschaffen wie eine Herde Schafe. Aber er hat uns die Freiheit gegeben, selber zu entscheiden, was wir wollen und was uns gefällt. Du suchst Dir aus, was Du möchtest, richtest Deine ungeteilte Aufmerksamkeit darauf und kannst beobachten, wie mehr davon in Dein Leben tritt. Richtest Du aber Deine Aufmerksamkeit auf die Dinge, die Du nicht möchtest, dann tritt auch das vermehrt in Dein Leben, die Entscheidung liegt bei Dir ganz allein. Also: Denke, träume und rede von Dingen, die Du haben möchtest, und Du wirst ein Leben führen, um das Dich andere beneiden. Dingen, die Dir nicht gefallen, widme nicht Deine Aufmerksamkeit erkenne, dass das Schöpfungen, Manifestationen anderer Menschen sind, sie **müssen Dir nicht gefallen**. Aber genauso wenig wie Du durch den Supermarkt läufst und Dich ereiferst über die Sachen, die Dir nicht schmecken, die Du niemals kaufen würdest oder die Dich anwidern, so lasse diese Dinge auch im Leben einfach links liegen. Ein wunderbares Leben wird die Belohnung sein.

7. Mein Körper?

Es gibt immer wieder Menschen, die das Gesetz der Anziehung kennen, aber nicht in seiner ganzen Bandbreite verstehen; deshalb behaupten sie, dass Krankheiten davon ausgenommen seien. Aber warum sollte, wenn Du jede Begebenheit Deines Lebens selber anziehst, es ausgerechnet bei einer Krankheit anders sein? Alle Weisen sind sich darin einig, dass das Gesetz der Anziehung ein universelles Gesetz ist, dem also alles im Universum unterworfen ist; auch quantenphysikalisch ist nicht erkennbar, warum bestimmte Begebenheiten davon ausgeschlossen sein sollten. Wie sollte da also die Krankheit eine Ausnahme machen? Wenn alles in Deinem Leben diesem Gesetz unterworfen ist, ist es demnach völlig ausgeschlossen, dass sich Gesundheit oder Krankheit außerhalb dieses Gesetzes bewegen, es ist schlicht nicht möglich.

„Es ist der Geist, der sich den Körper baut.“

Friedrich von Schiller

Viele gut dokumentierte Geschichten von der Heilung unheilbarer, tödlicher Krankheiten, einzig und allein durch Glauben, untermauern und beweisen diese Theorie. Bei genauer Betrachtung dieser Problematik erkennt man schnell, dass es sich um ein moralisches Problem handelt, weil eben aus wohlmeinenden Gründen die politisch korrekte Meinung vertreten wird, dass der ja sowieso schon Leidende nicht auch noch die Verantwortung dafür aufgebürdet bekommen sollte und eben für seine Krankheit nichts kann.

So sagte Bärbel Mohr in ihrem Video „Cosmic Ordering":

„Immer wieder taucht die Frage auf, ob der Kranke selbst schuld an seiner Krankheit ist. Das sehe ich nicht so, unser Körper ist auch ein Produkt der Lebensweise und unerlösten Traumata unserer Ahnen. Wir sind schuld als gesamte Menschheit der letzten Jahrtausende, aber nicht als Individuen. Jeder wird aber mit einem Schlüssel geboren, um sich davon zu befreien."

„Der Gedanke an irgendeine Unvollkommenheit erzeugt eine solche. Allein Gedanken an Kraft und Vollkommenheit können diese heilen."

Vivekanada

„Die Vorstellung ist die Ursache vieler Krankheiten, der Glaube aber ist die Heilung aller Krankheiten."

Paracelsus

Das ist eine klare Aussage, dass es zwar mit den Bestellungen im Universum klappt aber eben nicht, wenn es um Gesundheit geht.

Nach Deinem Glauben wird Dir geschehen!

Sie hatte diesen Schlüssel offenbar nicht gefunden, diese wunderbare Frau musste zeitig von uns gehen, weil sie glaubte, auf Erkrankungen keinen Einfluss zu haben.

Bärbel Mohr starb mit 46 Jahren an Krebs, und ihr Verleger Konrad Halbig sagte: „Wir sind fassungslos, können es kaum glauben. Niemand hat doch so gesund gelebt wie Bärbel."

Im Lichte des Gesetzes betrachtet, macht dann die ganze Sache einen Sinn. Wer das Gesetz kennt, aber glaubt, dass Gesundheit durch Gedanken nicht beeinflussbar ist und Ahnen der letzten Jahrtausende dafür verantwortlich macht, der muss ein Gefühl der Ohnmacht in dieser Beziehung verspüren. Dieses Ohnmachtsgefühl könne man durch eine übertrieben „gesunde Lebensweise" zu kompensieren versuchen.

Vergleichen wir das jetzt einmal mit jemandem, der sich um seine Gesundheit nie Sorgen machte und eine eher exzessive ungesunde Lebensweise an den Tag legte, nehmen wir die Rocklegende Ozzy Osbourne, dessen Alkohol- und Drogeneskapaden nahezu legendär sind. Laut eigenen Aussagen hatte er in seinem Leben unzählige „Totalabstürze", das waren Zeiten, die er wochenlang in Hotelzimmern verbrachte und **ausschließlich, rund um die Uhr** mit Rauchen, Trinken und Koksen beschäftigt war. Selbst außerhalb dieser Totalabstürze zählten **täglich** vier Flaschen Schnaps und Unmengen Kokain zu seiner Normalität, dazu rauchte er Marihuana und schluckte über 40 verschreibungspflichtige Medikamente gleichzeitig. Die versehentlichen Überdosen, die er überlebte, konnte er laut eigenen Aussagen schon gar nicht mehr zählen. Dieser Mann ist gesund und mit 65 Jahren noch fit wie ein Turnschuh. Da gibt es noch viele weitere Fälle in der Rockerszene, wie Keith Richards, Lemmy Kilmister, die ihr Leben lang rauchten, tranken und Drogen aller Art konsumierten, aber dennoch im Rentenalter noch gesund und fit genug sind, Konzerte oder gar Welttourneen zu bestreiten.

Die Schulmedizin studiert immer mehr die Krankheiten und wundert sich, dass diese nicht weniger werden. Du kannst nicht Gesundheit erschaffen, indem Du Deine Aufmerksamkeit auf Krankheiten richtest. Das ist eigentlich absolut logisch. Du musst Dich mit Gesundheit befassen, wenn Du gesund sein willst, oder Gesundheit als gottgegeben ansehen und dann leben, wie Du willst, so könnte es Ozzy getan haben. Letzten Endes sind Deine Gedanken dafür zuständig, was in jeder einzelnen Zelle Deines Körpers passiert.

Ich versuche es Dir an einem simplen Beispiel vor Augen zu führen.

Du gehst mit einer Freundin durch eine Shopping-Mall. Euch kommt ein durchschnittlicher Mann entgegen. Du betrachtest ihn kurz und wendest Deinen Blick sofort wieder von ihm ab. Nach ein paar Schritten bemerkst Du, dass Deine Freundin völlig außer sich ist. Sie ist bleich im Gesicht, hat Schweißausbrüche, zittrige Hände und weiche Knie. Als Du Dich danach erkundigst, was denn mit ihr los sei, erfährst Du, dass dieser 08/15-Typ da eben ihre erste große Liebe gewesen ist, sie war lange mit ihm zusammen und hat die Trennung bis heute nicht verwunden.

Wenn man jetzt ihr Verhalten betrachtet, kann man bemerken, dass sie ihre Reaktionen nicht bewusst erzeugt hat. Sie wollte ja nicht erbleichen, sie wollte auch keine weichen Knie bekommen und auch keine Schweißausbrüche.

Das läuft folgendermaßen ab: Die meisten Vorgänge in unserem Körper laufen unbewusst ab, Dein Unterbewusstsein steuert den Herzschlag, die Atmung, Verdauung und eben auch Erbleichen, Erröten, weiche Knie, Schweißausbrüche. Es steuert, von den Skelettmuskelfunktionen abgesehen, alles in Deinem Körper, buchstäblich jeden einzelnen Vorgang in jeder einzelnen Zelle.

„*Der Mensch hält sein Schicksal für etwas Fremdes, weil ihm das innere Band verborgen ist. Aber die Seele enthält jedes Ereignis, das sie erleben wird, denn das Ereignis ist nur der Gedanke, der sich nach außen projiziert, und das, worum wir zu uns selbst beten, wird uns immer gewährt.*"

Ralph Waldo Emerson

Wenn man das folgerichtig zu Ende denkt, heißt das, dass im wahrsten Sinne des Wortes ALLES was Dein Körper macht auf Dein eigenes Denken zurückzuführen ist. **Wirklich ALLES!**

Dein Unterbewusstsein wird eben von **Deinen Gedanken** bestimmt, deshalb sind diese Reaktionen eben nur bei **ihr** zu beobachten gewesen. Weil sie mit ihrem bewussten Verstand ihr Unterbewusstsein darauf programmiert hat, dass dieser Mensch etwas ganz Besonderes ist. Du kannst Deinem Unterbewusstsein natürlich keine Befehle geben, die sofort ausgeführt werden, etwa: „Mich bitte jetzt erbleichen lassen", das wäre Oscar-verdächtig, das wird nicht funktionieren. Aber die Prägung über lange Zeiträume, die bringt es dann doch.

„Es wird eine Zeit geben, wo es als Schande gilt krank zu sein, weil man erkannt hat, dass Krankheit eine Folge von falschen Gedanken ist"

Wilhelm von Humbold

„Die einzigste Sünde ist die Unwissenheit und alles Leiden die logische Konsequenz."

Gautama Buddha

Körpergewicht:

Wenn es ein Gesetz geben würde, das besagt, dass Menschen, die viel essen, dick sind, und die, die wenig essen, schlank sind, dann müsste es immer und überall so sein. So ist es aber nun mal nicht. Ich kenne Menschen, die essen viel und sind dick, ich kenne welche, die essen viel und sind sehr schlank, ich kenne Leute, die essen wenig und sind dick. Also – und das ist absolut logisch – kann das Essen nicht die primäre Ursache dafür sein, ob Du dick oder dünn bist.

Dein andauerndes Denken fabriziert Bilder in Deinem Unterbewusstsein, diese drängen gnadenlos zur Verwirklichung. Angenommen ein Dicker: Jahrelang hat er gehört, sich selbst gesagt: „Du bist zu dick." Vermutlich schon als Kind, „Iss nicht so viel Süßes, sonst wirst Du zu dick." Jetzt ist er dick; wenn er jetzt eine Diät macht, dann ist das ein Generalangriff auf sein Bild des „Dickseins", und sein Unterbewusstsein wird alles tun, um dieses Bild zu verteidigen und weiter zu verwirklichen. Hormonhaushalt optimieren, Stoffwechsel runterfahren, Heißhunger produzieren usw. Er hat keine Chance abzunehmen, es sei denn, er beginnt ein neues Bild seines Körpers zu visualisieren, ein Bild, auf dem er schlanker ist als momentan.

Dein Denken durchdringt Deine gesamte DNA, Deine DNA steckt in jeder einzelnen Zelle Deines Körpers, Deine DNA ist es, die Deine Gedanken ins Universum schickt. Wenn Du nun denkst „Ich bin zu dick", dann durchdringt Dein Denken Deinen ganzen Körper! Deine DNA steckt in jeder einzelnen Zelle! Also weiß jetzt jede einzelne Zelle Deines Körpers, dass Du zu dick bist und wird dementsprechend reagieren. Wenn Du dann Diäten machst und trotzdem nicht abnimmst, gehst Du dann irgendwann zum Arzt und der wird Dir erzählen, dass Du einen trägen Stoffwechsel hast. Und schon denkst Du, dass Du zu dick bist, aber nichts dafür kannst, weil es ja ein Stoffwechselproblem ist.

Würdest Du an einen schlanken gesunden Körper denken, würden sich Deine Zellen und somit Deine Organe einfach anders verhalten, und Du wärst schlank! Wer ist denn dafür verantwortlich, dass Du einen trägen Stoffwechsel hast? Na klar, Dein Unterbewusstsein regelt das, gibt den Befehl an jede einzelne Zelle. Und der Inhalt DEINES Unterbewusstseins wird einzig und allein durch DEINE Gedanken bestimmt. Der Körper muss doch dieses „Dicksein", das Du täglich denkst, das Du erschaffst, irgendwie produzieren.

Wenn man die Kausalkette bis zu den Ursachen zu Ende denkt, kommt man immer zum Gedanken zurück.

Du bist also zu dick. Warum bist Du zu dick? Weil Du einen trägen Stoffwechsel hast. Warum hast Du den? Weil gewisse Organe (Darm, Schilddrüse usw.) etwas zu langsam oder nicht effektiv genug arbeiten. Warum arbeiten sie zu langsam oder nicht effektiv genug? Weil es Dein Unterbewusstsein so angeordnet hat.

Warum hat Dein Unterbewusstsein es so angeordnet? Weil **Du selber** Dein Unterbewusstsein täglich durch **Deine Gedanken** so programmiert hast! Dasselbe gilt natürlich auch, wenn die Antwort auf „Warum zu dick?" lautet: „Weil ich zu viel esse". „Warum isst Du zu viel?" – „Weil es mir so schmeckt und ich mich nicht zusammennehmen kann." „Warum schmeckt es Dir so? Und warum kannst Du Dich nicht zusammennehmen?" Weil Dein Unterbewusstsein es so angeordnet hat. Warum.... ? Natürlich weil Du so gedacht hast, wer sonst sollte denn Deinen Appetit erschaffen, wenn nicht Du selbst? Du kommst immer, wirklich **IMMER** darauf zurück, dass Dein tägliches Denken die Ursache ist!

Visualisiere Dir einen schlanken Körper, stell Dir vor, Du steigst auf die Waage und sie zeigt Dein Wunschgewicht, stell Dir vor, Deine Kollegen gratulieren Dir, oder fragen Dich erstaunt, wie Du das geschafft hast, so gut abzunehmen!

Dein Unterbewusstsein wird dieses Bild aufnehmen und es wird unbeirrbar zur Verwirklichung drängen.

8. Handeln?

Jegliche, ja wirklich jegliche Veränderung in Deinem Leben geht nur über eine Veränderung Deines Bewusstseins und diese nur über eine Veränderung Deiner Gedanken.

Das heißt, dass Du nur dann mehr Geld haben kannst, in dem Du Dein Bewusstsein in Richtung „mehr Geld" erweiterst. Dieses Erweitern kann nur über Deine vorherrschenden Gedanken stattfinden. Tust Du das nicht, und veränderst Du lediglich Deine Handlungen, so wird sich auch Dein Geldfluss nicht verändern. Es könnte zwar sein, dass Du mehr verdienst, aber es werden proportional auch Deine Ausgaben steigen, sodass Du unterm Strich genau dasselbe hast. Diese Analogie kannst Du jetzt auf alle Lebensbereiche ausweiten.

Die wahre Veränderung entsteht **immer** in Deinem Kopf, etwas anderes ist überhaupt nicht möglich. Gedanken werden Dinge, was dann im Äußeren passiert um Deine Gedanken Wirklichkeit werden zu lassen, das sollte Dich nicht interessieren. Du hast bestellt, also wird das Universum liefern.

Nach Deinem Glauben wird Dir geschehen, nicht nach Deinen Handlungen!

Sämtliche Weisheitslehrer stimmen überein, dass Du Dir keine Gedanken darüber machen solltest, **wie** das Gewünschte in Dein Leben kommt, Du sollst lediglich daran glauben, **dass** es kommt. Nun erzählen Dir aber trotzdem die meisten von genau diesen Lehrern, dass Du nun auch unbedingt handeln sollst. Aber das stimmt einfach nicht, ist völlig unlogisch. Du sollst Dir keine Gedanken über das „wie" machen, aber trotzdem unbedingt handeln? Das ist natürlich völlig unmöglich. Wenn Du Dich veranlasst fühlst, inspiriert zu handeln, also einen unwiderstehlichen Impuls verspürst, etwas zu tun, **dann tu es**. Aber verspürst Du diesen Drang nicht, dann entspann Dich, es ist völlig unnötig oder gar kontraproduktiv, jetzt gezwungenermaßen zu handeln, nur weil alle in

Deiner Umgebung so reden, dass man unbedingt fleißig sein muss.

Menschen, die so reden, haben das Gesetz der Anziehung nicht verstanden. Nur wenn man es wirklich verinnerlicht hat, kann man sich von diesem Paradigma verabschieden, wonach man schwer arbeiten muss.

„Ohne Fleiß, kein Preis", auch ich habe mir solchen Unfug als Kind anhören müssen, aber mit dem Studium des Gesetzes habe ich begriffen, dass nur Menschen solche Sprüche verwenden, die den kausalen Charakter unserer Gedanken nicht verstanden haben.

Selbst im US-Wahlkampf 2012 ging es darum:

Der Frau von Präsidentschaftskandidat Mitt Romney wurde vorgeworfen, dass sie nie gearbeitet hat, da sie einen reichen Mann hat. Es wird so dargestellt, dass es ein Makel sei, dass sie nie hart gearbeitet hat. Und sie verteidigt sich auch noch und sagt, dass sie sehr hart gearbeitet hat, weil sie fünf Kinder großgezogen hat. Aber ich sage: Der, der hart arbeitet, hat den Makel, weil er anscheinend nicht intelligent genug ist, die Gesetze des Universums zu verstehen und zur Anwendung zu bringen. Sei doch mal ganz ehrlich zu Dir selbst: Warum arbeitet jemand hart? Hart arbeiten muss per Definition nur derjenige, dessen geistige Fähigkeiten nicht so ausgebildet sind, damit er sich eben diese schwere Arbeit ersparen kann. Selbst wenn man das Gesetz ignoriert, hat diese Aussage dennoch ihren Wahrheitsgehalt. Ein Mensch mit besonders hohem IQ hat es z. B. nicht nötig, in der Schule viel zu büffeln. Ihm fliegt dieses Wissen eben einfach so zu, er nimmt es nebenbei so auf. Der mit geringerem IQ muss sein Defizit durch Fleiß kompensieren, um dieselben Ergebnisse zu erhalten wie die andere Person ohne viel Fleiß. Und so könnte man diesen Faden weiter spinnen: der mit hohem IQ wird einen Beruf erlernen, der ihm ohne schwere Arbeit ein gutes Auskommen sichern wird. Er arbeitet in den Wissenschaften, wird Rechtsanwalt, Banker, Schönheitschirurg oder wird eine steile Beamtenkariere hinlegen. Derjenige mit weniger Intellekt erlernt einen körperlichen Beruf. Und genau dieser Mensch wird dann als der Gute hingestellt, weil er schwer gearbeitet hat, um seine Familie durchzubringen, und der andere ist ein schlechter Mensch, weil er in seinem Leben nie hart gearbeitet hat und trotzdem reich ist, obwohl, und das ist eine völlig ideologiefreie Betrachtung, er ja so betrachtet der bessere Mensch ist. Ich meine das wie gesagt nicht im ideellen Sinne sondern völlig nüchtern, so wie uns eben Maschinen betrachten könnten oder Außerirdische. Wenn Du Dir einen Computer kaufst, wird ja auch derjenige als der bessere bezeichnet, der effektiver die ihm anvertrauten Aufgaben erfüllt, der schneller und leistungsfähiger im „Denken" ist. Da sagst Du jetzt nicht solchen Quatsch wie „Aber der schwächere Computer muss sich mehr anstrengen, er ist fleißiger, daher ist er der Gute" – das wäre völlig absurd! Bei Menschen ist man geneigt, dem, der einen größeren Aufwand betrieben hat, um etwas zu erreichen, mehr Wertschätzung entgegenzubringen als dem, der es recht lässig erreicht.

Das wäre so, als bevorzuge man das Auto, was großen Lärm und Qualm produziert und viel Benzin verbraucht, um 100 km in einer Stunde zu fahren, weil es einen großen Aufwand betreibt, gegenüber dem Auto, das dieses Ziel leise, sauber und mit wenig Benzin und in viel kürzerer Zeit erreicht. Das würde natürlich niemand tun, jeder entscheidet sich eben für das Auto, das es effektiver, mit geringerem Aufwand tut.

Aber daran kann man immer noch sehr gut erkennen, wie sehr Religionen in unserer Welt verankert sind.

Denn es ist einfach nur eine Betrachtung, der die christliche Lehre zugrunde liegt, dass harte Arbeit etwas Lobenswertes ist und jemand, der nicht hart arbeitet und trotzdem reich ist, demnach nur ein Schmarotzer sein kann oder eben ein Schwindler,

Scharlatan oder Dieb. Dem wiederum liegt die rein materielle Weltanschauung zugrunde, dass eben nur durch Arbeit etwas entsteht. Also: Etwas Materielles entsteht nur, indem ich im Äußeren etwas Materielles mit meinen Händen bewege. Aber dieses alte Märchen stimmt eben ganz einfach nicht, es ist eine Lüge! Das haben die reiche Kirche und reiche Feudalherren dem armen Volke erzählt, dass nur der ins Paradies kommt, der in gottgefälliger Armut lebt und hart arbeitet.

Materie und Gegebenheiten entstehen durch Bewusstsein, das ist klar von der Physik bewiesen. Wenn Du an Reichtum denkst und Dein Unterbewusstsein auf der Frequenz von Reichtum schwingt, dann wirst Du auch Reichtum in der materiellen Welt haben. Er wird einfach da sein, ohne dass Du Dich dafür riesig anstrengen müsstest. Wenn Du einen bestimmten Radiosender einstellst, dann wird ihn Dein Radio einfach empfangen, ohne sich dafür bewusst anstrengen zu müssen. Es empfängt alle Sender mit genauso wenig Aufwand, egal was für Musik gespielt wird, grottenschlechte oder himmlisch gute. Und so ist es auch mit Deinen Frequenzen, denkst Du an Armut, wirst Du völlig anstrengungslos diese Armut in Dein Leben ziehen, denkst Du an Reichtum, musst Du Dich nun nicht mehr anstrengen, nur weil es sich um Reichtum handelt – das wäre völlig unlogisch. Es ist lediglich Dein Glaube, dass Du Dich für den Reichtum mehr anstrengen musst als für die Armut, und nach Deinem Glauben wird Dir immer geschehen. Reichtum und Armut sind lediglich zwei verschiedene Schwingungen der gleichen Sache! Ob Du nun die Schwingung der Armut aussendest oder die des Reichtums, es ist der gleiche Aufwand, aber mit völlig unterschiedlichen Resultaten!

Ich finde es immer ein wenig peinlich, wenn sehr erfolgreiche Menschen davon reden, dass man unbedingt handeln muss. Meist widersprechen sie sich selbst. So sagt uns T. Harv Eker, dass **alles** unseren Gedanken entspringt, um an anderer Stelle wieder davon zu reden, dass man unbedingt handeln muss, weil er noch nie gesehen hat, dass jemandem ein Sack Geld beim Meditieren in den Schoß gefallen ist.

Auch Dieter Bohlen schreibt in seinem Buch „Planieren statt sanieren", dass man arbeiten muss wie ein Galeerensklave, wenn man Erfolg haben will. Nun habe ich seine anderen Bücher auch gelesen, die ja biografisch gestaltet sind. Ehrlich gesagt, ich vermisse die Stelle in Dieters Leben, wo er überhaupt gearbeitet hätte, geschweige denn wie ein Galeerensklave. Außerdem wird im oben genannten Buch davon berichtet, wie er einen Nummer-eins-Hit schrieb, der auch den Grand Prix gewann. Dieser Song ist ihm auf dem Klo eingefallen, und danach hat er ihn innerhalb von fünf Minuten am Klavier zusammengezimmert. Solch ein Nummer-eins-Hit bringt für gewöhnlich mehrere Millionen Euro ein. Ich weiß ja nicht, was Dieter auf dem Klo macht, aber für mich hört sich das nicht im Mindesten nach Arbeit an, sondern Dieter Bohlen hat ein Wohlstandsbewusstsein par excellence, und aus diesem Grunde fließt der Wohlstand ohne Mühe reichlich in sein Leben.

Es ist einfach nur ein Mythos, an den die meisten Menschen dieser Welt glauben; selbst Menschen, die das Gesetz der Anziehung so in etwa verstehen, kleben trotzdem immer noch an dieser bewiesenermaßen falschen Meinung, weil dieses Paradigma eben schon seit Jahrtausenden besteht. Selbst in der Schule wird Fleiß bewertet, Intelligenz nicht. Wenn ein Schüler fleißig ist, ist der Lehrer geneigt, ihn besser zu beurteilen, als einen faulen bei gleicher Leistung, obwohl der faule ja offensichtlich intelligenter sein muss, um ohne Fleiß dieselbe Leistung zu erbringen.

Natürlich ist Intelligenz kein Garant für Wohlstand, es gibt genug intelligente Menschen, die den untersten Schichten angehören. Auch Fleiß ist keine Garantie für ein Leben in Fülle, es gibt genug höchst fleißige Menschen, die in bitterer Armut leben.

Eine positive Gesinnung aber ist diese Garantie, Du wirst niemals einen wirklich positiven Menschen mit einem Wohlstandsbewusstsein lange in Armut leben sehen und niemals einen Menschen, der vorwiegend an Mangel denkt und ausdauernd in Fülle lebt. Auf der Seite, wo Deine vorherrschenden Gedanken sind, wird sich der größte Teil Deines Lebens abspielen. Natürlich kann auch ein positiv gesonnener Mensch mal einen vorübergehenden Engpass haben, genau wie jemand mit einem Armutsbewusstsein kurz in großer Fülle leben kann, aber den größten Teil Deines Lebens bist Du da, wo der Inhalt Deines Unterbewusstseins ist!

Wenn Du das Gesetz studierst, wirst Du erkennen, dass es immer Deine Gedanken sind, die Dich Erfolg haben lassen. Glaubst Du, dafür schwer arbeiten zu müssen, wird Erfolg nur durch schwere Arbeit zu Dir kommen. Aber es ist Dein Glaube, für Geld hart arbeiten zu müssen, der genau das bestätigen wird.

Genau genommen ist es absoluter Unfug zu handeln, bevor Du Dein Unterbewusstsein von Deiner Absicht überzeugt hast. Deine Ergebnisse werden immer den vorherrschenden Inhalten Deines Unterbewusstseins entsprechen. Noch einmal:

Deine Ergebnisse werden immer den vorherrschenden Inhalten Deines Unterbewusstseins entsprechen!

Also ist es doch völlig logisch, dass Deine Hauptaufgabe darin besteht, diese Inhalte zu verändern.

Wenn Du den Inhalt Deines Unterbewusstseins verändert hast, dann werden sich auch die Resultate in Deinem Leben dementsprechend verändern.

Also: Wenn Deine Inhalte noch zu größten Teil „Armut" heißen, wie solltest Du dann durch harte Arbeit Reichtum anziehen? Aber auch der

Umkehrschluss ist richtig, dass wenn Deine vorwiegenden Inhalte „Reichtum" heißen, dann kannst Du keine Armut erfahren, nur weil Du nicht bereit bist, hart zu arbeiten.

Im Grunde kannst Du den Manifestationen Deiner Gedanken gar nicht entfliehen. Das heißt im Klartext:

Ein Mensch, der ständig an Reichtum denkt, der sich Reichtum visualisiert, muss zwangsläufig reich werden, selbst wenn er jegliche körperliche Arbeit ablehnen sollte. Das ist einfach Gesetz!

Ebenso kann ein Mensch, der ständig an Armut denkt, sich seine Armut visualisiert, niemals reich werden, selbst wenn er täglich zwölf Stunden hart arbeitet!

Genauso ist es mit allen anderen Bereichen des Lebens, jemand, der ständig Angst vor Krankheit hat und beginnt, sich mit allen Mitteln davor zu schützen, sich Krankheiten ausmalt und ständig darüber redet, der wird krank werden! Er könnte in den entferntesten Winkel dieser Welt flüchten, die gesündeste Lebensweise überhaupt zelebrieren, er würde trotzdem krank werden!

Andere dagegen, denen ihre Gesundheit egal ist, die geradezu Raubbau damit treiben, rauchen, saufen und Drogen konsumieren, werden steinalt und sind dabei kerngesund! Beispiele gibt es im Leben dafür genug.

9.   Bestellungen im Universum?

Wohl fast jeder kennt dieses Buch von Bärbel Mohr, in dem behauptet wird, dass man sich das Erwünschte nur einmal im Universum bestellen muss und schon wird es in Dein Leben treten. Dieselbe Behauptung können wir auf der DvD „The Secret" sehen. Nur einmal bestellen, wie in einem Katalog und – schwups – es ist da.

Wenn das so wäre, dann wäre wahrhaftig jeder Mensch auf dieser Welt gesund, glücklich und steinreich. Ja, auch der Penner auf der Parkbank würde sich dann sofort seine Million und eine tolle Frau bestellen.

Aber es stimmt einfach nicht! Es funktioniert nicht so! Das war noch nie so!

Es ist Dein Unterbewusstsein, das 50-mal so stark Schwingungen aussendet, wie Dein Gehirn!

Wenn jetzt Dein Gehirn sagt, „einen Porsche bitte" und Dein Unterbewusstsein sagt 50-mal so laut „ich bin eine arme Sau!", was wird denn dann wohl in Dein Leben treten?

„Imagination ist alles, sie ist die Vorschau auf die kommenden Ereignisse Deines Lebens"

Albert Einstein

„Imagination beherrscht die Welt."

Napoleon Bonaparte

Wenn Du mehr in Dein Leben ziehen willst, dann ist es Deine Aufgabe, DEIN Unterbewusstsein durch DEINE täglichen Gedanken mit dem mentalen Äquivalent dessen zu befüllen, was Du in Deinem Leben als Ereignis oder Materie haben willst!

Es gibt den durchaus wahren Spruch, dass die erste Million die schwerste ist. Das liegt einfach daran, dass es eine Weile dauert, Dein Unterbewusstsein davon zu überzeugen, dass Du Millionär bist. Ist Dein Unterbewusstsein erst einmal davon überzeugt, werden weitere Millionen leichter in Dein Leben fließen.

Gerade habe ich das Buch „Die 64 Erfolgsgeheimnisse" von Jack Canfield gelesen. Tausendmal wird dort gesagt, dass man anders handeln muss, um andere Resultate zu erhalten. Das ist richtig, aber richtig ist auch, **dass niemand auf Bestellung sein Verhalten ändern kann**, sonst würde es keine armen Leute mehr geben, auch keine Raucher oder Übergewichtige.

„Schwache Menschen ertragen ihr Schicksal und glauben es sei Stärke, starke Menschen zwingen dem Schicksal ihren Willen auf."

Unbekannt

„Was Du siehst, oh Mensch, zu dem sollst Du werden. Gott, wenn Du Gott siehst, und Staub, wenn Du Staub siehst."

Pred. 3,15

Bevor man überhaupt in der Lage ist, eine Handlung zu verändern, muss man natürlich den Gedanken geändert haben, der diese Handlung hervorgerufen hat. Aber noch nicht einmal das gelingt: Du kannst nicht einfach aus dem Haus gehen und heute vollkommen anders denken, als Du es gewohnt bist zu denken!

Da gibt es eine Wechselwirkung zwischen Deinen Gedanken und Deinem Unterbewusstsein, die ziemlich fatal sein kann:

Deine Gedanken beschreiben Dein Unterbewusstsein, aber der Inhalt Deines Unterbewusstseins bestimmt Deine Gedanken!

Das ist ein Kreislauf, den man mit aller Macht durchbrechen muss, wenn man sein Leben ändern möchte. Schon die Eltern, Verwandten, Lehrer usw., ALLE haben Dein Unterbewusstsein geprägt, als Du Dich noch nicht gegen diese Suggestionen wehren konntest. Von allen wurde Dir gesagt, was Du alles NICHT darfst, was Du alles NICHT kannst, was Du alles NICHT verdienst.

Als Du dann irgendwann anfingst selber zu denken, war Dein Unterbewusstsein schon gefüllt mit diesen schädlichen Inhalten, die nun jeden einzelnen Deiner Gedanken färben!

Das einzige, was Du bewusst tun kannst ist, dass Du Dir Dein Ziel visualisierst! Noch einmal:

Das einzige, was Du für die Veränderung Deines Lebens tun kannst, ist Dein Ziel zu visualisieren.

Das ist das einzige, was jeder kann! Dich bewusst hinsetzen und Dich selbst dazu zu bringen, täglich 2-mal 10–20 Minuten Deinen Fokus auf das zu erreichende Ziel zu richten! Auf das erwünschte Endresultat! Dein Unterbewusstsein denkt in Bildern, deswegen ist das, was Du schon als Bild eingibst, viel mächtiger als jeder Gedanke! Also, drehe Dir einen gedanklichen Kurzfilm von dem erwünschten Endresultat und sehe diesen Film immer und immer wieder! Es wird sich so richtig gut anfühlen, dass zu tun!

„*Eine Seele ohne Imagination ist wie ein Observatorium ohne Teleskop.*"

H. W. Becher

„*Die Menschen scheitern gewöhnlich kurz vor dem Durchbruch zum Erfolg, daher sollte man auf das Ende einer Sache genauso achten wie auf den Anfang.*"

Laotse

Dann, und nur dann wird sich der Inhalt Deines Unterbewusstseins verändern!

Nur dann wirst Du eine neue Schwingung aussenden! Nur dann werden sich Deine Gedanken dem anpassen! Nur dann werden sich Deine Handlungen Deinen neuen Gedanken anpassen! Es gibt keinen anderen Weg, Dein Leben zu ändern, auch Jack Canfield ist ihn genau in dieser Reihenfolge gegangen, auch das kann man auch auf der DvD „The Secret" sehen. Er hat **zuerst** begonnen, sich jeden Tag mehrmals den Lebensstil zu visualisieren, den er hätte, wenn er bereits 100 000 Dollar im Jahr verdienen würde. Damit hat alles begonnen, und auf einmal hat er Ideen gehabt (andere Gedanken), aufgrund dieser hat er dann andere Handlungen ausgeführt. Aber es ist ganz wichtig zu verstehen, dass es genau diese Reihenfolge ist!

Also: Wenn Du etwas verändern willst, dann beginne als **Allererstes**, Dir den erwünschten Endzustand zu visualisieren, und lasse Dich dann von Deinen neuen Gedanken zu Deinem Ziel führen!

Das „Wie" brauchst Du nicht zu kennen, dass „WIE" wird immer aus dem „WAS" geschaffen. Das „WIE" überlasse dem Universum.

Wichtig wäre noch zu erwähnen, dass Du auch ausdauernd Dein Ziel visualisieren solltest; wenn Du nach einer Woche schon gar keine Lust mehr dazu hast, dann fang am besten gar nicht erst damit an. Tu es täglich, bis Du die Veränderungen spürst, dann wirst Du ohnehin nie wieder damit aufhören.

Also, lass es krachen!

Das war eine kurze, aber überaus wirkungsvolle Anleitung, wie ausnahmslos JEDER Mensch sein Leben verbessern kann. Wenn Du eine ausführliche Anleitung brauchst, mit einer klaren Anleitung, wie Du Deine Ziele realisierst, solltest Du mein Buch

DENKE! ANDERS

lesen.

Herzlichst Dein Andreas Boskugel

www.andreas-boskugel.com

Weitere Werke von Andreas Boskugel:

DENKE! ANDRES
Das wohl wertvollste Buch der Welt!
316 Seiten, Softcover, 12,99 €
ISBN 978-3-9815377-9-6

Das Buch DENKE! ANDRES enthält atemberaubende Informationen, die Dir den Durchbruch in Deinem Leben bringen. Du wirst ohne große Anstrengungen zu einer Naturgewalt, der sich nichts in den Weg stellen kann. Egal wo Du stehst, egal wer Du bist, egal was Du besitzt. Ganz gleich was es ist, Dein Körper, Deine Beziehungen oder Deine Finanzen, Du wirst in kürzester Zeit das haben, was Du schon immer wolltest! Die bahnbrechende Philosophie dieses Werkes ist der Schlüssel zu Deinem Erfolg. Dieses Buch enthält radikal neue Ansätze, wie auch Du Dein Leben in Rekordgeschwindigkeit ohne große Anstrengungen in die gewünschte Richtung bringst!

FREI vom Alkohol
Ohne Kampf, ohne Willenskraft zur ersehnten
Freiheit
96 Seiten, Taschenbuch, 9,99 €
ISBN 978-3-9815377-6-5

Die meisten Bücher zu diesem Thema werden von „Therapeuten" geschrieben, die mit theoretischem Halbwissen aufwarten, die gar nicht nachempfinden können, worüber sie da sprechen. Andreas Boskugel trank über 15 Jahre exzessiv, bevor er eine Technik entwickelte, mit deren Hilfe sich jeder Mensch selbst aus der Falle der Sucht befreien kann. Und das ohne Entzugsklinik, ohne Gruppentherapie, ohne Willenskraft. „Es wird das Größte sein, das Nachhaltigste, was Du jemals getan hast." Boskugels Methode funktioniert ganz hervorragend und das völlig entspannt!

Impressum
Copyright: © 2013 Andreas Boskugel
Rich Verlag Andreas Boskugel
ISBN 978-3-9815377-4-1
3. Auflage